Rhwng Pladur a Blaguryn

Rhwng Pladur a Blaguryn

TONY BIANCHI

Cyhoeddiadau Barddas

Argraffiad cyntaf: 2018
ISBN 978-1-911584-14-8

Cyhoeddwyd gan Gyhoeddiadau Barddas.
Cyhoeddwyd gyda chymorth ariannol Cyngor Llyfrau Cymru.
Argraffwyd gan Y Lolfa, Talybont.

I Rhiannon a Heledd

Cynnwys

Rhwng Pladur a Blaguryn

Rhagair

TONY BIANCHI: nofelydd, bardd, beirniad llenyddol, awdur straeon byrion, cerddor, ac enillydd Gwobr Goffa Daniel Owen 2007 a'r Fedal Ryddiaith yn 2015. Meistrolodd grefft y gynghanedd gan ennill amryw o wobrau clodfawr fel englynwr. Ychydig fisoedd cyn ei farw annhymig anfonodd ddwy bryddest (y rhai olaf yn y casgliad hwn, tt. 52 a 61) i gystadleuaeth y Goron yn Eisteddfod Genedlaethol Ynys Môn, 2017; gosodwyd y ddwy ymhlith y goreuon o'r 34 ymgais.

Ddechrau Mehefin 2017, wedi clywed y daranfollt am ei afiechyd terfynol, fe'm gwahoddwyd gan Tony a'i bartner, Ruth, i'w cartref i drafod cyhoeddi'r casgliad hwn. Cawswn gopi ymlaen llaw, a chywired ei iaith a'i fynegiant, nid oedd gennyf ond manion i'w nodi. Nid anghofiaf fyth y dewrder a ddangosodd y ddau yn ystod yr oriau dwys-ingol hynny. Fe'm hatgoffwyd o sylw Pozzo, un o gymeriadau Samuel Beckett yn *Wrth Aros Godot*, bod ein rhywogaeth yn 'esgor â'i choesau ar led ar draws bedd; mae'r golau'n disgleirio dro, ac wedyn mae hi'n nos eto'. Yn ystod oriau fy ymweliad, disgleiriai'r golau'n barhaus; ni chrybwyllwyd y nos anochel unwaith. Ac eithrio un alwad ffôn, ni bu gair arall rhyngom. Gofyn yr oeddwn am ei ganiatâd i ysgrifennu'r rhagair hwn. Yn nodweddiadol ohono, wfftio hynny a wnaeth yr athrylith diymhongar gan honni, yn ei acen Lambedaidd, 'So'r tipyn casgliad yn haeddu shwt faldod!'

Ganed Tony ar 4 Ebrill 1952 yn North Shields, Northumberland. Un o gamau annisgwyl ei yrfa, rhai a amlhaodd wedyn yn llawn hynodion, oedd dewis dod, yn 1969, yn fyfyriwr i Goleg Llanbedr Pont Steffan, coleg nad ystyrid, yn y cyfnod hwnnw, yn uchel iawn yng nghynghrair y colegau. Mae'n debyg iddo gael canlyniadau siomedig yn ei arholiadau, yn bennaf oherwydd i'w athrawon ei berswadio i'w sefyll flwyddyn yn gynharach na'r disgwyl. Hefyd, o bosib, fe'i llesteiriwyd gan amgylchiadau difrifol o anhapus ei gartref oherwydd natur greulon ei dad, y cyfeirir ati mor ddiflewyn-ar-dafod yn y gerdd 'Dianc' (t. 46).

Y cam annisgwyl nesaf oedd dilyn cwrs Wlpan i ddysgu'r Gymraeg, a hynny cyn ennill graddau dosbarth cyntaf dwbl mewn Saesneg ac Athroniaeth. Yn nodweddiadol o drylwyredd ei ymchwil i unrhyw bwnc a brociai ei chwilfrydedd, yr oedd ganddo gryn wybodaeth am y Gymraeg cyn cyrraedd Ceredigion o'r Hen Ogledd. Yna, enillodd radd doethor wrth astudio dylanwad chwedl gefeilliaid y Gemini ar rai o weithiau byrion Samuel Beckett. Fe welir dylanwad pwnc dyrys ei draethawd, sef deuoliaethau'r bydysawd, ar ei gynnyrch creadigol yn gyffredinol, gan gynnwys cerddi'r casgliad hwn.

Ei ddiddordeb mawr arall o gyfnod ei arddegau cynnar oedd cerddoriaeth. Roedd ganddo gymwysterau arbennig yn y pwnc hwnnw, a gallasai yn hawdd fod wedi ei astudio ymhellach. Ymhlith y cymwysterau cerddorol yr oedd ei fedrusrwydd rhyfeddol yn ei ieuenctid fel organydd a phianydd. Un o gantoresau amlycaf ardal Llambed mewn eisteddfod a chyngerdd yn y chwedegau oedd Diana Davies. Fel arfer, ei mam fyddai ei chyfeilydd. Ond un tro, bu'n rhaid i Diana chwilio ar frys am gyfeilydd arall wedi i'w mam, drwy ddamwain, dorri un o'i bysedd. A'r un a ddaeth i'r adwy oedd Tony. Fel hynny y cyfarfu'r ddau gyntaf, cyn dod, maes o law, yn ŵr a gwraig ac yn rhieni i Rhiannon a Heledd. Digwyddiad annisgwyl arall oedd i Tony, y dyneiddiwr-anffyddiwr, briodi Diana mewn capel Undodaidd, wedi i'r Eglwys Gatholig, lle roedd Tony yn organydd achlysurol, wrthod eu priodi gan fod Diana yn ysgaredig. Mae'r gyfres hon o ddigwyddiadau yn dechrau magu naws nodweddiadol amgen y straeon Bianchaidd a gyfoethogai ein llên ymhen blynyddoedd.

Cyn gadael cyfnod Llambed, mae'n werth nodi'r dylanwadau cynnar ar yrfa a meddylfryd y myfyriwr o Sais o North Shields, a ddaeth, maes o law, i barablu Cymraeg yn nhafodiaith Ceredigion cystal â'r brodorion. Un a aeth, yn blentyn pum mlwydd oed, i fyw am ddegawd yn North Shields, ac a gadwodd gysylltiad â'r dref weddill ei oes, oedd Stan Laurel, un o enwogion byd ffilmiau comedi yr ugeinfed ganrif. Wedi cydweithio â Charlie Chaplin am gyfnod, datblygodd y berthynas ryfeddol rhyngddo ac Oliver Hardy. Edmygai Tony gampau eu ffilmiau slapstic; byddai ganddo lun o'r ddau ar ei ddesg, gymaint oedd ei falchder yr hanai o'r un ardal â'r dyn bach trist yr olwg a oedd yn gawr o gomedïwr. Wedi cyrraedd Llambed daeth Tony i adnabod gwaith Jacob Davies, Alltyblaca, y comedïwr a'r arch-gyfarwydd straeon celwydd gole. Fel Stan Laurel, roedd ganddo yntau waelod trist i'w greadigaethau comic, abswrd; yr oedd hefyd yn awdur straeon byrion, *genre* y deuai Tony'n arbenigwr arno fel y dengys ei gasgliad *Cyffesion Geordie Oddi Cartref* (Gomer, 2010). Pan rodder wedyn waith y dramodydd, yr arch-gomedïwr trasig, Samuel Beckett, at gawl y pair addysgiadol arbrofol, fe geir y gymysgfa berffaith ar gyfer y dadeni Bianchaidd diweddar.

Wedi cyfnod o weithio fel athro yn Shotton, derbyniodd Tony gymrodoriaeth yn Adran Saesneg Coleg y Brifysgol, Aberystwyth, cyn symud i Gaerdydd yn swyddog yn Adran Lenyddiaeth Cyngor Celfyddydau Cymru, a dod, maes o law, yn bennaeth arni. Ei brofiad yn y sefydliad hwnnw a esgorodd ar ei nofel gyntaf, *Esgyrn Bach* (Y Lolfa, 2006), sy'n ddychan deifiol ar fiwrocratiaeth obsesiynol. Y 'Bach' yn y teitl yw'r cerddor yr oedd Tony yn ei edmygu fwyaf. Clywid ei gerddoriaeth yn llifo o'i biano cyngerdd ar ei aelwyd, yn enwedig ar yr adegau pan frwydrai â gwewyr ceisio ymadfer o'r iselder a'i llethai o bryd i'w gilydd.

Roedd llethdod obsesiynau yn fwgan ar aelwyd ei blentyndod. Yn y gerdd 'Cartref' (t. 50) delwedda obsesiwn ei fam ynglŷn â sicrhau glanweithdra a threfn yn ei thŷ. Wedi'r holl ddidoli, y golchi a'r sychu a'r cymhennu:

> nes bod hyd yn oed y cyllyll
> yn dal eu hanadl ...
>
> Cwyd hosan a'i dal
> yn erbyn y golau
> gan feddwl, efallai, bod twll ynddi
>
> a gweld dim.
>
> Chwilia'r walydd, yn y drych,
> dan y gwely yn sicr bod twll
> yno, rywle,
> a'i bod hi'n clywed, trwyddo, y nos yn rhochian.

Dyma ddelwedd ysgytwol o gyflwr gwacter ystyr ac o obsesiwn yn dirywio'n wallgofrwydd.

Mae amryw o brif gymeriadau nofelau Tony Bianchi yn greaduriaid obsesiynol: Steffan yr ystadegydd yn *Esgyrn Bach* (Y Lolfa, 2006), Jim yr entomolegydd yn *Pryfeta* (Y Lolfa, 2007), Byron y gwerthwr tai yn *Chwilio am Sebastian Pierce* (Gomer, 2009), Harri yn *Ras Olaf Harri Selwyn* (Gomer, 2012) a Tomos y glanhäwr dillad yn *Dwy Farwolaeth Endaf Rowlands* (Gomer, 2015).

Yn ogystal â dod yn Gymrawd yr Academi, fe'i henwebwyd ar Restr Fer Llyfr y Flwyddyn 2008, ac ar Restr Hir Llyfr y Flwyddyn 2007, 2011 a 2013. Enillodd, yn ogystal, y wobr am wyth darn o lên meicro yn Eisteddfod Genedlaethol Ynys Môn, 2017. Mae'n siŵr mai dyma'r darnau rhyddiaith olaf a gyfansoddwyd ganddo. Yn yr wythfed darn, egyr Huw y saer wefan i chwilio am fan ail-law. Dengys yr awdur drylwyredd nodweddiadol ei ymchwil wrth nodi sawl math o fan, Ford Transit Connect, Escort 75, Vauxhall Combo, gan fanylu ar eu gwahanol ragoriaethau, a hynny er na feddai Tony ei hun gar, ac y defnyddiai feic yn amlach na pheidio. Yn dilyn yr eironi bach hwnnw, ceir un arall ysgytwol yn y clo. Wedi penderfynu ar ei fan ddewisedig mae Huw y saer yn dychmygu 'taflu'r tŵls i'r cefn, yn eistedd wrth y llyw a chau'r drws. Mae'n teimlo'i fysedd yn tanio'r injan, yn rhyddhau'r brêc, yn newid gêr, yn pwyso ar y sbardun ac yn mynd i ... Yn mynd i ...' O gofio'r tebygolrwydd bod Tony, wrth ysgrifennu'r geiriau olaf hyn, yn dechrau dod yn ymwybodol o fygythiad ei afiechyd terfynol, y mae'r clo annherfynol mor drwm o eironi tywyll.

Enillodd amryw o wobrwyon arbennig am farddoni. Mae'r gyfrol hon yn gyfle inni ei werthfawrogi fel bardd blaengar mewn cerddi caeth a rhydd. Ei ddewis ef yw trefn y cerddi.

Trewir nodyn dychanol, eironig a nodweddiadol fychanus yn y cywydd 'Llythyr at yr awdur' (t. 17). Mae'n seiliedig ar ei brofiad o ddidoli grantiau i awduron, y fiwrocratiaeth y byddai yntau ar ei thrugaredd wedi dechrau gweithio ar ei liwt ei hun. Fe'i dilynir gan adran ryfeddol yr wyth a deugain englyn. Nodwyd eisoes y cysylltiad â cherddoriaeth Bach. Wele atgof dadlennol ei bartner, Ruth: 'Yn aml fe'm galwyd i mewn i'w stydi i wrando ar gymal arbennig, neu un cord, a rhyfeddu at y dychymyg a fedrai gydgysylltu nodau gwahanol mewn modd mor wreiddiol. Edmygai strwythur cywrain y gweithiau, y cywirdeb mathemategol, y patrymu gofalus, pob nodyn unigol wedi ei osod yn berffaith, heb ddim diangen, heb ddim ar goll. A dyna a anelai ato yn ei farddoniaeth, yn enwedig yn ei englynion.' Gwefreiddiwyd Tony gan y tebygrwydd rhwng creu cord cerddorol a chreu llinell o gynghanedd. Mae ei englynion yn canu gywired a chywreined â sonatas Bach.

Yn gyson ag amlochredd a sylwgarwch ei greadigaethau, amlygir yn y casgliad hwn, ochr yn ochr â dwyster emosiynau difrifol a thywyll, yr hiwmor chwareus a fu'n ddifyrrwch i'w deulu ac i gynifer o'i gyfeillion a'i ddarllenwyr. Ond nid yn unig mewn gair ond hefyd mewn gweithred y mynegodd Tony ei egwyddorion dros gyfiawnder a heddwch. Bu'n gefnogol i ymgyrchoedd megis Diarfogi Niwclear, ac roedd yn un o arweinwyr amlycaf Mudiad Gwrth-Apartheid Cymru. Wedi ei berswadio bod ganddo lais bariton cymeradwy, sefydlodd, gyda phedwar arall, Gôr y Cochion, y codwyr canu yn y protestiadau hyn. Ac er ei anffyddiaeth gwestiyngar, fe'i gwelid yn gyson yn ymuno'n frwd mewn cymanfaoedd canu emynau, a hynny'n aml yn ei hoff grysau blodeuog, Hawäiaidd ymhlith y dilladach parchus.

Bu Tony farw ddydd Sul, 2 Gorffennaf 2017, ar ei aelwyd am y clawdd â Gŵyl Tafwyl. Profiad ingol oedd synhwyro dyfnder galar cynifer pan dorrodd y neges dros y maes. Ond ddiwrnod ei angladd ar ddolydd Coed-ar-hyd-y-glyn ar gyrion gorllewinol Caerdydd, mynnodd ysbryd arall oresgyn yr ing. Yn ddefod anghonfensiynol, dewisodd ei deulu dewr ein harwain i ddathlu bywyd Tony, y talent annwyl, â gwenau o flodau a straeon llawen.

Daeth y Sais, a oedd mor falch o lenyddiaeth ddisglair ei dras, i ddwlu ar draddodiad llenyddol cyfoethog y Gymraeg. Fel ymfudwr o'r Hen Ogledd, deallai ac edmygai arwyddocâd hirhoedledd a gwytnwch y traddodiad hwnnw er gwaethaf y tyndra a achosid gan frwydrau 'catraethus' y canrifoedd. Ei gyfraniad rhyfeddol oedd gloywi'r traddodiad hwnnw â'i ddawn ac â'i ddychymyg unigryw.

Carwn ddiolch i'r golygyddion, Elena Gruffudd ac Alaw Mai Edwards am eu gofal trylwyr, i Huw Meirion Edwards am ei sylwadau craff, ac i'r dylunydd, Siôn Ilar, am glawr mor ddychmygus.

Jim Parc Nest

LLYTHYR AT YR AWDUR
(gan Swyddog Llenyddiaeth Cyngor Celfyddydau Cymru)

O, annwyl fardd yr awdl faith
a naddwr ceinion rhyddiaith,
nid oes werth mewn rhoi dy sêl
ar botsio efo'r nofel;
o ba fudd, hen gywydd gau
a hidlo mil o odlau?
Ffurflenni, nid cerddi caeth,
yw gwarant dy ragoriaeth.
Gwell carreg ystadegau
 – o'u ca'l erbyn dyddiad cau –
i brofi'r darpar brifardd
na swnd tamp rhyw soned 'hardd'.
Nid yw saig o doddaid sur
yn fwyd i gyfrifiadur:
boed i'r geiriog lunio gwledd
o ffeithiau – ein hoff ieithwedd.
Un hen yw dy awen di,
un afrwydd, nad yw'n cyfri'
ym mantol atebolrwydd –
dibwys yw, heb nod, heb swydd.
Wyt rec ar ymylon traeth,
wyt wag, wyt ddistrategaeth.
A rown ni nawdd? Sori, na
 – nid wyt yn ein bas data.

CAMERA

Â'i lens hir fe wylia'n syn (hen geidwad
y degawdau sydyn)
gan hoelio'i go' fel gwyfyn
i ryw gwr o'r papur gwyn.

PORTREAD

Ni all oes o dendio'r llun a newid
ei liwiau bob blwyddyn
ddiarddel yr hen elyn
o'i oriel anwel ei hun.

Y WE

Nid oes gair na chyfeirnod i agor
Dy neges, neu ganfod
ar wefan Dy fudandod
y nod i'n byw nad yw'n bod.

CAIS I UN NA DDAW ...

Un gaeaf, un llwyd tragywydd a gawn
heb ganu'r ehedydd
i ddwyn, o waddol dolydd,
edau haul i frodio'r dydd.

DOLWAR FACH

Nid llafar yw pob carreg. O garu'r
geiriau, aeth y frawddeg
ar chwâl, ac archeoleg
ydyw iaith ein gwynfa deg.

[Eisteddfod Maldwyn a'r Gororau, 2003]

ALBWM LLUNIAU

'A phwy yw hwn?' holai'n ffôl, wrth rythu
ar rith ei orffennol,
a'r wyneb ystrydebol,
ugain oed, yn gwenu'n ôl.

[enillydd Gwobr Goffa W. D. Williams, 2001]

UN NOS OLAU LEUAD

O seilam y fam a fu – anfonwyd,
  yn fain i'w ryfeddu,
 hen lechen ysgrifennu
 i enwi'r hollt yn ei bru.

LLYFR MAWR Y PLANT (1)

Rhwng pladur a blaguryn; rhwng afal
  a'r anghofio sydyn;
 rhwng y gwaed a'r angau gwyn;
 o wynfa i bla: trwch blewyn.

LLYFR MAWR Y PLANT (2)

'Heno, bydd y cadno'n cau ei ddannedd
ynoch!' medd y tadau.
Rhwng tresi eu storïau,
caewn iet ar Wlad y Cnau.

CRAGEN (1)

Duw'n hudo? Neu droednodyn o hanes
eigionau? Ar rimyn
ei eirfa daw'r credadun
i wrando'i eco ei hun.

[enillydd Gwobr Goffa W. D. Williams, 2005]

SYMUD TŶ (1)

Wedi'r galar; wedi taro golwg
olaf a chadwyno'r
iet, mae hi'n clywed trwy'r clo
eiriau iasoer ei groeso.

CLOCH (1)

'Dewch! Dewch!' medd y tafod awchus o dŵr
didaro'i ewyllys,
a'r dyrfa, ar waetha'r wŷs
yn fyddar dangnefeddus.

[enillydd Gwobr Goffa W. D. Williams, 2003]

MAM

Aethom yn ôl trwy gyfrolau'i hanes,
gan dynnu penodau'r
edwino. O! Mor denau,
wedyn, destun ein tristáu.

CLOCH (2)

'Rwy'n gaeth ar ei riniog o: y galon
yn galw amdano,
ond y bys yn petruso
wrth roi cam hyd drothwy'r co'.

W. H. DAVIES

O'r haul ewn, daeth arlunydd i'r dorlan,
  yn dân o adenydd,
 i lywio, dan gawodydd
 gwatwarus, yr enfys rydd.

ARFORDIR (1)

Y mae'r tir, o raid, yn cofleidio'r môr
  a marw dan fwytho
 y dŵr hallt. Bûm innau, dro,
 â heli lond fy nwylo.

ARFORDIR (2)

Rhwng pwyth a phwyth, wele'r ffin yn agor!
Ac o rwygo'r tapin
brau, mae dobiwr o ewin
yn raflo oes mewn awr flin.

LLWY GARU

Yn ei henaint, prynodd gynion newydd
a saernïo calon
heb ei hail – ond, yn y bôn,
ni wyddai ond y naddion.

BRANDON COURT REST HOME WELCOMES YOU

Mae mor fach ... Rhwng cromfachau ei leihad,
caleda'r gwefusau
a dwyn, o'r priod enwau,
weddw oer ... mor fach i ddau.

WALDO

Beth sydd ar ôl? Hen gyfrolau o rew
yn drwch hyd y muriau
diderfyn; a dyn, rhwng dau
glawr, yn ffaglu ei eiriau.

TRANNOETH YR ŴYL

Mor wefreiddiol oedd y gole neithiwr,
ond doeth, dan gymyle'r
wawr, fydde pacio creirie'n
taith ddrud, a mynd tua thre'.

NADOLIG 2015

Yn bymtheg oed, gwyddai'r goeden eisoes –
er ysu am hoelen
Ei ras – fod Duw yn rhy hen
i wingo ar ei changen.

DYDDIADUR 2015

Trown eto'r ddalen wen i fynnu oed
    ag awdur yfory
  a'r rhuban sy'n trywanu'n
  doeau oll â'i sidan du.

BLWYDDYN NEWYDD ARALL

Ni waeth bod amaeth annhymig Ionawr
    yn mynnu'i galennig
  drud: awn ni'n dau i aredig
  yr erwau oer hyd y brig.

DRWS

Ni waeth fod y pren yn denau – a rhwd
yn gwrido'r colfachau:
dan hen glo mae dwylo dau
yn naddu eu hallweddau.

Y GANRIF NEWYDD (1)

'Rhedwch!' medd y Cadfridog – ac wele
o'u gwâl daw'r rhai herciog
yn lleng i chwanegu llog
eu haflwydd at ei gyflog.

LLAWFWYELL O FYNYDD RHIW (*c. 2000 CC*)

Dim ond amser a erys – o waddol
y naddwr anhysbys:
y mae'i awch o dan fy mys,
yn rhwygo'r lleder bregus.

MELIN WYNT

Er mai pren yw'r adenydd, dymuniad
y meini, ar nawnddydd
hir o haf, yw torri'n rhydd
a rhodio efo'r hedydd.

NEUADD Y PENTREF

Fe weli fod y sgrifen ar y wal.
Am ryw awr, cei ddarllen,
yn iaith oer pob llythyren,
pwy oedd pwy yn ... ADD Y PEN ....

DRYCH

Pa ots, hen gymar, bod arian dy wên
mor denau â chusan?
Nid yw mwy ond newid mân
i'r cof sy'n gwerthu'r cyfan.

HARRY PATCH

Dychwelodd, a chynnig rhoddion o waed.
  Pwdodd y gwleidyddion:
 'Del iawn – ond mae'r genedl hon
 yn haeddu dy berfeddion'.

EIRA

Ac fe ddeuent, bob yn blentyn hwyliog,
  i wylio aderyn
 y fall yn ei blufio'i hun.
 Ei waed a lifodd wedyn.

Y GANRIF NEWYDD (2)

Caseg wen yn dŵad adre', wedi
  gwaedu dros ei sgidie;
 ebol hurt yn gofyn ble
 y gwerthwyd mam am ddime.

CRAGEN (2)

Ystyr? Hen draeth yn ymestyn o glust
  i glust; ac ar benrhyn
 y cof ni ddaw, er gofyn,
 yr un gair o'r asgwrn gwyn.

DYDDIADUR

O'i agor eto roedd y graith yn glir:
  âi'r hen glwyf drwy glytwaith
 dy gof; troes chwalfa mamiaith
 yn llaw-fer dy hunllef faith.

SYMUD TŶ (2)

Wedi oriau o dwrio, – wedi hel
  ei dyled a'i llwytho,
 daw eilwaith – nid â dwylo –
 i drin y celfi'n y co'.

ARFORDIR (3)

Tariwn awr dan swnd tir neb, yn wingad
o lyngyr diwyneb,
i hulio wast ein hoes wleb
ar ynys ein taerineb.

ARFORDIR (4)

Rhwng tresi y lli a'r llwch, mae arad
y môr, hyd y gwelwch,
yn harn ei swae, a'r hen swch
yn taeru'i difaterwch.

GRAFFITI

Yng ngwlad y beirdd afradlon, mor gynnil,
mor gain ydyw ymson
brwd y glasenw di-sôn:
y tag sy'n dwedyd digon.

DEWI SANT

Un erw hallt, dim mwy, oedd ei grud a'i nef
a ni oedd ei benyd;
er bychan ei gyfanfyd,
culhau mae'i encil o hyd.

[Eisteddfod Genedlaethol Tyddewi, 2002]

CÂN SERCH

Nid ar hap y daw'r hipo i nofio
bob haf yn y Bermo:
yn y llaid mae'n cofleidio
anwylyd ei wynfyd o.

GEFEILLIAID
(i Mari a Beca)

Ni chewch ddidoli harmonïau'r groth:
o'r gwraidd, buom gydfaeth,
gan ddysgu, trwy ganu'n gaeth,
hen alaw ein chwaeroliaeth.

REBBELIB
(map morwrol Ynysoedd Marshall)

Aent, dan hwyliau'r deheuwynt, i rwydo
  paradwys. Odanynt,
 yn ddifater, dôi cerrynt
 cam ar anweledig hynt.

I JIM PARC NEST
(ar achlysur ei ben-blwydd yn bedwar ugain oed)

Onid ernes yw diwrnod o wanwyn
  gyda'n brenin hynod
 o'r cynhaeaf ar dafod
 ei ddawn sydd eto i ddod?

TÂP MESUR[1]

Drwy'i agor, daw un o'r bydwragedd hy[2]
i ddwyn,[3] o'r chwe throedfedd,[4]
rith[5] o gawr; i ddal mawredd
dyn[6] rhwng ei bawdyn[7] a'r bedd.[8]

1 Sef cynnig buddugol Tony Bianchi (dan y ffugenw Pretentious, Moi?) i Gystadleuaeth Englyn Gwaetha'r Flwyddyn, Isadran Englynion Ymhonnus ac Annealladwy. Is-isadran Englynion Ymhonnus ac Annealladwy gan Geordies Alltud.

2 Gydag ymddiheuriadau am yr ystrydeb rywiol.

3 Sef yn yr ystyr 'dod ag epil i'r byd' (gw. *Geiriadur Prifysgol Cymru*).

4 Pethau prin yw tapiau mesur chwe throedfedd, yn fy mhrofiad i, ond maent yn bod. Gweler www.perfecttape.com

5 Sef yn yr ystyr 'ymddangosiad amgen na'r un gwirioneddol', ond hefyd, 'embryo' (gw. *Geiriadur Prifysgol Cymru*).

6 Dyn yw dyn ar bum cyfandir; ond 'Dean' yw enw un o'r prif wneuthurwyr tapiau mesur yn y byd.

7 Sef y 'bawdyn' y cyfeirir ato yn y gân enwog:

Ble mae bawdyn? Ble mae bawdyn?
Dyma fi. Dyma fi.
Sut mae heddiw?
Da iawn diolch.
I ffwrdd â chi. I ffwrdd â chi.

8 Cyfeiriad sydd yma at ddrama Samuel Beckett, *Waiting for Godot*: 'They give birth astride of a grave, the light gleams an instant, then it's night once more.'

SENEDD

Tŷ pren glân mewn top bryn glo, a llechi'n
holl achau amdano;
tŷ wrth angor, at forio,
pan ddaw dŵr i'w harbwr o.

I DAFYDD ISLWYN

Ei haeddiant fyddai'i gynganeddu'n faith:
nid wyf i ond englyn
bychan, yn mentro canu ('n
wylaidd iawn) i awdl o ddyn.

PRIODAS RHIANNON A GARETH

Y mae'n hwyr a minnau'n hen
a rhewi wnaiff yr awen
yn y man, o oedi mwy,
yn ddodo na all ddodwy.

Mae'n bryd i wŷr a gwragedd
gael hoe ar derfyn eu gwledd,
i oedi wedi'r pwdin,
i orffwys ac arllwys gwin
a thynnu o'r drôr ryw stori
bore oes: na, nid er sbri,
nid i beri embaras,
ond i roi hwb i'r hen dras.

Braint fawr, i mi, yr awr hon,
yw rhoi hanes Rhiannon
a'i gŵr, ei hannwyl Gareth:
yn y bôn, i ddangos beth
oedd cyfrinach y bachan
gododd wres fy lodes lân.

Ddydd o haf, daeth ataf i
a dweud, fel hyn, 'O Dadi!
Caraf foi mewn carafán,
ac ef yw'r byd yn gyfan!'

'Un hynod,' meddwn inne,
wrth hifed disgled o de.
'Hynod iawn. Ai nomad yw?
Ai Bedwyn o Libya ydyw?

Ai Arab yw'r mab mobeil
a Mwstáffa yw ei steil?
Ai hobo yw, 'n crwydro'r byd
drwy'r gaeaf, a'r haf hefyd?
Ai mewn confoi mae'r boi'n byw,
o Garnant hyd Langernyw?
Araf ŵr, gŵr carafán,
gŵr ar wib fel hen grwban,
yn dincer o bererin
â'i do yn sownd wrth ei din!'

Ond byddar ydy cariad
i'r to hŷn, i gyngor tad.
'Hen sothach,' dwedws hithe.
'O Aber-erch i Ben-bre,
o Lausanne i Saint Michel,
Gareth sydd ar y gorwel
fel gwennol ar 'wech olwyn,
yn reidio'r wawr, yn troi'i drwyn
sha'r haul a chrasu'r hewlydd
ar ei hynt. Mae'n deithiwr rhydd,
a gôl ei oes yw chwilio gwlad,
yw gyrru efo'i gariad,
efo'i wraig, i dirion fro,
i Eden, i El Dorado,
i dre'r trysorau di-ri:
i diroedd bras Cwmderi!
Ie, arwr o bererin
ydyw ef – so twll dy din!'
'A! Boi sownd,' atebes i,
yn y mŵd i gymodi.

'Ond och!' dwedes, dan duchan,
'Ai rhy fach yw carafán
i foi cŵl o Fae Colwyn
ennyn serch, a thaenu'i swyn?'

Ar hyn, fe drodd Rhiannon
yn deigr wyllt – am funud gron.
'Na hidia'i seis, Tardis yw,
yn Nirfana i'r fenyw
lwcus gaiff setlo acw
efo'i llanc – ond ar fy llw,
nid tu fas mae'i hurddas hi –
mae'i nodded tu mewn iddi.
O dderi'r neuadd orwych
i'r plu yn y gwely gwych
a sglein ei gwrlid sidan,
llys foethus yw'r garafán!
Mae'n lle *chic*, llawn celfi cain,
yn gaer, yn balas cywrain.
Nefol yw'r gegin hefyd
ac aur yw'r tapiau i gyd.
Built like the finest Hilton,
the pits yw'r *Ritz* wrth ochr hon!
Ydy, mae'n westy cystal,
am ei oed, â'r Taj Mahal.
Annedd wych yw hon i ddau,
â mawredd rhwng ei muriau.'

Ni allwn i, ni allai neb,
ddowto na rhoddi ateb
i'r gwir oedd yn ei geiriau.
'Allai neb ond llawenhau!

O hirbell, gwelaf gerbyd –
un bach – a'r mwya'n y byd.
Gwelaf wynfyd symudol,
yn bentre hardd ar ben trol.
Gwelaf, nid cerbyd gwyliau,
gwelaf yr haf sy'n parhau.
Mewn un coetsh maen nhw'n cwtsho
nes daw'r awr i fynd am dro.

DIANC

'Mae gen ti lygaid dy dad,'
meddai rhyw fodryb ddieithr
ar ôl yr angladd, gan feddwl,
siŵr o fod, y byddwn i'n falch
mai fi (am sbel) fyddai
cyfrwng ei dragwyddoldeb,
yn asgwrn cyfleus i ddwyn
ei gnawd tuag at ddyfodol
amgenach. 'A'i drwyn hefyd,'
atebais. 'Gwaetha'r modd.'
A ffugio gwên.

Llais Tad-cu, yr athro
llym, a glywai Mam
ym mhrepian balch fy ugain oed.
Ac weithiau, pan ddôi ffrindiau draw,
a pheint yn llacio'r tafod,
byddwn i'n brygowthan
ei hen ystrydebau: bod dau
a dau yn gwneud pedwar, bod plant
drwg yn mynd i Uffern,
bod blas y cyw yn y cawl,
gan fwrw'r ford â'm dwrn
a sugno fy ngwefusau
yn y dull cydnabyddedig.
Ysgydwai Mam ei phen. Chwarddai,
ar ei gwaethaf, o weld rhith
ei thad hithau'n adennill ei le.

Ond siawns nad oedd Tad-cu
yr un boerad â rhywun arall,
slawer dydd: ei ddwylo'n
perthyn i ryw gefnder di-ddysg,
ei foelni cynnar yn adlais
o'r Parry cyntaf a fagodd
blant yn y parthau hyn.
(Mor rhyfedd, felly, bod fy mrawd
yn brolio'r fath dyfiant, a neb
yn mentro dweud ymhle,
ar erwau maith ein hynafiaid,
y plannwyd ei hedyn ef.)
'Llygaid trist oedd 'da'i dad,'
meddai Mam, am fod hynny'n
beth gweddus i'w ddweud;
fel petai Dad yn galaru'i farwolaeth
ei hun, a'i fywyd cyfan
wedi arwain at y funud honno,
y tristwch terfynol, pan gochai'r
llygaid, a duo wedyn,
yng ngwres y fflamau.

Unwaith, wedi'r shifft nos,
pan oedd Mam yn smwddio dillad
yn y gegin, a ffowlyn yn rhostio
yn y ffwrn, daeth adref
a chwyno bod y ffenestri'n frwnt,
bod llwch ar y coffor ac yna,
gan grychu'i drwyn, bod gwynt
y bwyd yn troi arno, a beth
yffarn o'dd hi'n 'feddwl, yr hen fitsh,
yn troi'r lle yn dwlc ...

'Llygaid trist,' meddai Mam,
ar ôl yr angladd, am nad oedd
llygaid cynddaredd yn destun
derbyniol yng nghyntedd marwolaeth,
a mwg ei phriod (er gwell, er gwaeth)
yn codi trwy'r glaw.

Yn y drych, gwelaf fy nhad.
Gwelaf yr amrannau trwm,
corneli'r llygaid yn troi
am i lawr, celloedd croen
a chnawd a chyhyr
ac asgwrn yn plygu i drefn
y tadau erioed.

Yn y drych, gwelaf fi fy hun,
yn ifanc, ac eto'n hen,
fel petawn i eisoes wedi gweld digon.
Gwelaf fy mab (os genir mab).
Gwelaf ei feibion yntau,
a'r hil yn dychwelyd
o lygad
i lygad.
'Yn ei gystudd olaf,' meddai Mam
wrth y gweinidog, a'r ddau
yn trwco geiriau trugaredd
a maddeuant, 'aeth ei dafod
yn stwmpyn llipa.' Dim ond
ei lygaid oedd ar ôl, i siarad
drosto. Ei lygaid trist
yn gorfod gwneud y gweiddi
i gyd,
    a'r clatsio.

A heddiw,
wedi taenu'r llwch,
a welaf y trais
y tu ôl i'r tristwch?
A glywaf y griddfan
rhwng cnawd ac asgwrn?
A deimlaf y llinyn
rhwng y llygad a'r dwrn?
Ac o'i ddal,
a'i ddal yn dynn,
o ble daw'r gyllell
i'w dorri wedyn?

[cerdd y Gadair, Eisteddfod Llanfachreth, 2016]

CARTREF

Yn y prynhawn, aiff allan
i begio'r dillad ar y lein
dan lygadu'r cymyle.

Yn y tŷ, gweinydda
ddefod o binio a chlymu,
didoli arian, labelu tunie, unioni'r stolion,
taenu ac aildaenu'r bwrdd,
nes bod hyd yn oed y cyllyll
yn dal eu hanadl.

Ar ôl swper, ar ôl y golchi
a'r sychu a'r cymhennu, ac ynte,
erbyn hyn, ar y shifft nos,
oeda ychydig yn y distawrwydd
gan feddwl, tybed

a anghofiodd rywbeth.

Cwyd hosan a'i dal
yn erbyn y golau
gan feddwl, efallai, bod twll ynddi

a gweld dim.

Chwilia'r walydd, yn y drych,
dan y gwely yn sicr bod twll
yno, rywle,
a'i bod hi'n clywed, trwyddo, y nos yn rhochian.

[enillydd Cystadleuaeth Ryngwladol Féile Filíochta, 2004]

TRWY DDRYCH

Gyda'r wawr,
agorodd Magda'r llenni
a sefyll wrth y ffenest.
O'r fan honno,
ar y seithfed llawr,
gwelai big yr eglwys
yn tyllu'r cymylau.
Gwelai'r toeon yn goleuo,
fesul un, a llwch
y nos yn codi,
gan ddilyn yr hen ddefod.

Tynnodd anadl.

'Salve, Regína,
Mater misericórdiae ...'

Edrychodd draw ar y siopau
lle'r oedd y gwragedd
yn disgwyl eu bara beunyddiol,
a hynny'n profi na fu'r nos
yn llonydd wedi'r cwbl,
bod y mesur a'r cymysgu,
y tylino a'r crasu
wedi mynd rhagddynt,
yn unol â'r drefn.
Ac roedd hynny, hefyd, yn gysur.
Yng nghlust y cof,
clywodd lais ei thad
yn dweud mai burum
oedd y peth cyntaf i godi
bob bore.

Am wyth o'r gloch,
gwelodd Magda ferch rhif chwech
wrth ei ffenest hithau,
a'i ffrog ysgol amdani,
ac roedd hynny'n syndod
am fod yr ysgol wedi'i chwalu
yn y cyrch cyntaf.
Roedd ei dwylo ymhleth,
a'i gwefusau mor dynn
â chliced dryll.

Gyda hynny,
daeth dieithryn i'r golwg
a sefyll o flaen drws rhif pedwar.
Sychodd ei draed ar y mat.
Tynnodd facyn o'i boced
a chwythu'i drwyn. Yna,
wedi canu'r gloch,
sychodd ei draed eto,
fel petai ar fin camu
i neuadd fawr a throedio
lloriau marmor.

Ni ddaeth ateb.

Agorodd Magda'r ffenest.
Daeth grwndi hofrenydd
i gadw cwmni iddi.
Ac am ychydig, wrth ddilyn
ei hynt tua'r gorwel
a gweld y metel trwm
yn troi'n bryfyn bach,
fe deimlai'n ysgafn.

Cododd awydd arni
i hawlio'i hadenydd ei hun,
i ymgolli yng ngwacter yr awyr.
Edrychodd i lawr:
ar y pafin,
ar y pennau'n llithro heibio,
fel pysgod mewn afon.
Mesurodd y pellter.
Saith llawr.
Pum eiliad?
Pedair?
Hedfan. Boddi wedyn.

'Salve, Regína ... Mater misericórdiae ...'
O flaen rhif pedwar,
edrychodd y dyn ar ei watsh.
Tynnodd facyn o'i boced
a sychu'i dalcen.

Am naw o'r gloch,
caeodd Magda'r ffenest.
Gwisgodd ei jîns glas
a'i hanorac, gan farnu,
yn gam neu'n gymwys,
mai'r rhain a weddai orau
i'r achlysur. (Ofnai y byddai
ffurfioldeb yn tynnu sylw.
Byddai rhywun, rywle,
yn siŵr o holi: 'Rhywbeth
sbesial ymlaen heddi, 'te?'
Byddai hi'n cochi wedyn,
yn baglu dros ei geiriau.

'Dwi ddim ... Mae'n flin ...')
Clymodd ei gwallt yn ôl,
gan ddilyn greddf ei bysedd.
Cydiodd yn ei bag siopa
a mentro allan i wneud
yr hyn yr oedd angen ei wneud.

Wrth gyrraedd y stryd fawr,
cadwai Magda ei llygaid
ar ei thraed, a phan redodd
y dynion ifainc heibio
gan chwifio eu baneri
a gweiddi'r enw *hwnnw*,
yr enw oedd ar wefusau pawb,
trodd ac edrych trwy ffenest
y siop flodau, ar y lilis
a'r ffarwél haf, ac yna
ar y lilis eto, gan wybod
bod y dynion yn astudio'i hwyneb
yn y gwydr ac yfory,
neu drennydd, y byddai'n rhaid
iddi hithau weiddi hefyd.

Daeth at swyddfa'r post.
Yno, roedd y rheolwr newydd
(dyn tawedog ond trefnus,
yn ôl pob sôn) yn hoelio
rhestr o enwau i'r drws,
ac yn bustachu braidd
am fod y papur yn llawer mwy
na'r amlenni a'r stampiau
a'r parseli bychain
yr oedd yn arfer eu trafod,

a rhaid sicrhau bod yr enwau
i gyd i'w gweld, bob un,
o Azra i Zoltan,
o Adamski i Zajac.

Cerddodd Magda heibio,
heb arafu na chyflymu.
Nid edrychodd ar y rhestr,
ond nid edrychodd y ffordd arall chwaith,
gan wybod – fel roedd pawb
yn gwybod heddiw, ar y stryd fawr,
yn y dref fach, ddibwys hon –
na fydden nhw yma,
yn prynu eu bara,
yn anfon eu llythyrau,
petai eu henwau yno,
yn staeniau du
ar y papur gwyn,
ac mai'r rhestr ei hun
oedd y llygad,
yr unig lygad o werth.

Cerddodd Magda i ben draw'r stryd
a disgwyl am y bws. A phe deuai
rhyw fenyw ati – menyw debyg iddi hi,
fwy na thebyg, un gadwrus,
ddiniwed yr olwg, a chanddi
fag siopa yn ei llaw
a dillad syber amdani –
a mentro conan am bris bara
a sŵn y loriau yn yr oriau mân

ac yna, dan ei gwynt,
am sut roedd y lle wedi mynd
rhwng y cŵn a'r brain
ers i *hwnnw* ...
ni fyddai'n ymateb.
Byddai hi'n troi, yn hytrach,
at ei rhestr fach ei hun,
y litani o eiriau diogel,
digynnwrf, a ddysgodd
er tawelu'r chwilfrydig
a'r gorsiaradus: geiriau'r tywydd,
yn ysbeidiau heulog a chymylau,
yn gawodydd a gwyntoedd cymhedrol
o'r gorllewin – 'Haf bach deche
'yn-ni'n 'ga'l eleni, yntife ...?' –
gan siarad yn hwyliog yn acen y fro,
rhag i'w llais ei bradychu.
'Addo glaw yn nes 'mla'n, cofiwch ...'

Wedi dala bws arall,
o ganol y dref i'r hen fynwent,
a hwnnw'n rhedeg awr yn hwyr
oherwydd prinder gyrwyr,
agorodd Magda ei bag siopa
a chladdu llaw ei merch.
(A hynny am mai'r llaw
yn unig a oroesodd y cyrch
a'r ffrwydrad a'i dilynodd.
Roedd y croen wedi melynu
a chrychu rywfaint, ond coch
oedd yr ewinedd o hyd, yn union
fel y buon nhw y noswaith honno,
pan fentrodd allan i gwrdd
â'i ffrindiau.)

Yna dychwelodd i'w fflat.
Cafodd wy ar dost i de.
Dros gwpaned, ceisiodd sgrifennu
llythyr at ei mam. Defnyddiai
bensil, rhag ofn iddi lithro.
Crynai ei bysedd uwchben
y papur, fel petai hi'n groten fach
eto, yn ceisio clymu'r
llythrennau am y tro cyntaf,
a'r geiriau mawr, dieithr
yn codi arswyd arni.

'A n n w y l ...'

Trodd y teledu ymlaen
a chlywed, unwaith yn rhagor,
fod y gelyn ar ffo, fod buddugoliaeth
o fewn cyrraedd, ac yna,
o newid y sianel, fod yr hindda i barhau
am wythnos arall, gydag ambell gawod
a gwyntoedd cymhedrol
o'r gorllewin.

Safodd wrth y ffenest.
Tynnodd fys ar hyd y sìl
a rhyfeddu at y llwch.
Âi â chlwtyn ati yfory.
Gwnâi'r ffenestri eraill, hefyd,
a'r silffoedd a'r cypyrddau.
Ac o gael hwyl arni,
efallai y mentrai wneud
ychydig o gymoni. Rhoi trefn
ar y dillad yn y wardrob.
Symud y begonia yn ôl

i'r lolfa, lle gwelai fwy o'r haul.
A golchi'i jîns, wrth gwrs.
Ie, hynny'n fwy na dim. Golchi'i jîns,
am fod ôl pridd ar y coesau.

Aeth Magda i'w stafell wely.
Caeodd y llenni.
Tynnodd ei dillad
a'u taflu i'r fasged.
Yna, o deimlo bod pethau'n
dod i fwcwl eto,
aeth at y drych.
Cododd ei llaw dde.
Gwelodd law chwith
yn ei chyfarch o'r ochr draw,
a'r tu ôl iddi,
wên gynnes, gyfarwydd.

'Magda fach ... Magda fach.'

Caeodd ei dwrn.
Aeth yn nes a chraffu
ar y baw
o dan ei hewinedd.

'Magda fach, mae'n bryd i ti ...'

Pwysodd ei dwylo yn erbyn y gwydr
a meddwl. Wel,
mae hwn yn ffenest hefyd.
Os neidiaf trwyddi, siawns
na syrthiaf i'm breichiau
fy hun. Rhyw gam
neu ddau, dyna i gyd.
A daw'r ferch yn ôl
          i gôl ei mam.

COFEB

6 o'r gloch

'Ma ...'

Dihunais, yn nhŷ fy nghyfaill,*
　　a syched canrif
yn rhathu fy ngwddf,
　　ac roeddet ti yno,
dim ond dy lais,
　　hen sgrepyn o gân,
dan fondo'r glust.

　'Oj lulaj, lulaj ...'

'Ma ...?'

Tagais. Aeth briwsion
　　o'r heniaith yn grimp
ar fy nhafod. Poerais
　　lwch a dŵr hallt.

'Ma ... ma?'

　'Oj lulaj, lulaj ...'

Rhyw gilcyn o gân, fel clêr
　　yn cylchu'r awyr,
yn achwyn 'bod hi'n oer
　　fan hyn, ymhell o gartre,
ac ewin y gaeaf yn pinsio'r
　　croen, a'r adenydd

yn drwm, a phob man mor dywyll
    â thwll y glo,
        mor dywyll
      â'r galon.

  'Oj lulaj, lulaj ... Oj lulaj, lulaj ...'

Tynnais dun bwyd o'r cwpwrdd
a'i lenwi â ffrwythau a mêl.

'Dewch 'ma,
    fy ngeiriau bach i,
    dewch 'ma ...'

  'Oj lulaj, lulaj ... Oj lulaj, lulaj ... Oj lulaj, lulaj ...'

Ac fe ddaethant yn haid.

Wedi cau'r clawr a rhyfeddu
at swnan piwis y canu caeth,
rhoddais y tun yn y citbag
gyda photelaid o gwinîn (at y cryd)
ac aethom ar ein ffordd: myfi
a Mama a'r geiriau coll i gyd,
i ddala'r llong yn ôl
i ben draw'r byd.

8 o'r gloch

Sefais wrth y lan,
        a llach yr heli'n sgwrio fy wyneb,
a disgwyl am Alistoun (neu Aylmer,
        neu un o'r capteiniaid eraill),
i holi am hynt y *Narcissus*
        a'r *Nellie* a'r *Roi des Belges*,
i hel atgofion am rowndio'r
        Horn, a'r rhaffau i gyd
fel ffyn o rew,
        a'r môr yn wyllt
                a'r niwl yn dew.

Sefais wrth y lan,
        a'r cap pig gloyw ar fy mhen,
a'r hen gwestiwn yn treiglo
        gyda'r baco yn fy ngheg:
            'Oes gynnoch chi le i hogyn
            fynd yn llongwr eto,
            i sbleinsio rhaff a rhiffio hwyl
            a dysgu sut i lywio?'
                Eto
                fyth
                ac
                eto.

Edrychais yn ôl a gweld
        y strydoedd cysglyd, Fitzhammon
a Phendyris, Blaenclydach
        ac Abercynon, yn cochi
gyda'r wawr, ac olion fy nhraed
        fy hun
                yn y rhew,
                yn cadw eu tac
                i fan hyn,
                i fan hyn.

9 o'r gloch

'Fim-bo, Fim-bo, Fim-bo ...'

Yng nghlydwch Café Nero,
rhwng y lattes a'r Cokes
a'r plant yn gweiddi ar eu *i-pads*,
fe glywais glychau'r eglwysi'n
seinio cân y chwip.

'Fim-bo, Fim-bo, Fim-bo,'
        meddai clychau pêr Sant Ioan,
'Invu-bu, Invu-bu, Invu-bu,'
        meddai clychau balch Sant Marc,
'Mnigo-lo, Mnigo-lo, Mnigo-lo,'
        ysgyrnygai clychau cras Sant Paul,

Canys yn y dechreuad
y creodd Duw y croen,
a Dyn a welodd y croen,
mai da ydoedd
at wneud chwip.
A Dyn a dorrodd y croen
a'i gordeddu'n dynn
a'i sychu yn yr haul,
a'i droi wedyn
yn llathen
o lafnau bach llym,
i dynnu gwaed
a thorri gewyn.

'Shaabuug', 'Litupa', 'Chicotte'.
Yr un enw yw pob enw.
Yr un croen yw pob croen.

A Dyn a alwodd y croen yn Fam,
a'r chwip a alwodd efe yn Fab,
a bu'r Mab yn dyheu,
weddill ei ddyddiau,
am ddychwelyd adref,
ac os nad oedd adref,
fe wnâi rhyw groen
y tro, siawns,
at dderbyn ei anwes,
at gynnig gwaedoliaeth
perthyn a thorri'r
hen syched, am fod chwip
wedi'i eni ym mhoethder
yr haul. Ac mae gwaed
yn dewach na dŵr.

‘Kurbash’, ‘Kiboko’,
‘Fflangell’, ‘Ffrewyll’.
Yr un gwaed. Yr un croen.
Yr un enw’n diasbedain trwy’r dref.
Chwip.
Chwip.
Chwip.

1 o’r gloch

Daeth y dynion rwber a llusgo Mr Kurtz i’r lan.
Yno, rhwng y poteli plastig a’r stymps
a choes bren hen gadair,
y gorweddai ar ei gefn,
yn fwy o ddŵr nag o ddyn,
a’i wyneb yn fwy o fwd
nag o ddim.

Agorodd ei lygaid.
Llifodd dŵr o’r tyllau.

‘Marlow?’

Cwympodd dant i’r llawr. Rhwygodd
ei wefus isaf. Chwydodd
wymon, papurau losin
a mwydod.

‘Marlow sy ’na?’

Eglurais
mai Joseff oedd fy enw,
brodor o'r plwyf hwn,
yn mynd at fy ngwaith,
yn meindio fy musnes.

'Ond dy lais, y tinc 'na o ...'

Gyda hynny, daeth ei ên
yn rhydd. Aeth ei dafod ar sgowt
i gwrso'r cytseiniaid coll.

'Shy shaish, shy shaish, y shinc ...'

Ac roedd hynny'n syndod,
fod y pen potsh
yn medru siarad o hyd,
rhyw fwmial blêr,
heb ddannedd na gên.

Ond un styfnig
fu Mr Kurtz erioed.

5 o'r gloch

Tri pheth ni saif heb siglo
Yw llong ar fôr yn hwylio
A dalen cyll ar ben y pren ...

'A fedrwch chi ein clywed ni nawr, Mr Kurtz?'

Bu'r meddygon wrthi gydol y prynhawn,
yn pwytho gên a llygad,
a'r môr yn sibrwd trwy'r ffenest,
'Hisht, nawr, bach ... Hisht.'

Eisteddwn wrth erchwyn ei wely
a darllen *Homes & Gardens*
a *brochures* gwyliau, a'm gwefusau'n
breuddwydio sigarét.

'Welwch chi rywbeth nawr,
Mr Kurtz? Welwch chi'r tonnau
draw ar y graig? Glywch chi'r
wylan, a'r llanw'n nesáu?'

Dan y gyllell eto. Clymu'r
tafod, plannu'r dannedd newydd.
'Tamaid o *rouge* ar y bochau, falle?'
A ffugio mwstás ar sail hen luniau.

Cerddwn y coridor tu fas,
yn ôl ac ymlaen, a disgwyl
sŵn dyfroedd yn torri,
yr angor yn codi, a'm traed

yn breuddwydio gangwe bad.
'Rhowch wên i'r camera nawr 'te,
Mr Kurtz. Soniwch am y gwledydd pell.
Oes gennych drip ar y gweill? Ydy'r cwch ...?

Mr Kurtz?

Ydych chi'n teimlo'n iawn, Mr Kurtz?'

Tri pheth ni saif heb siglo
Yw llong ar fôr yn hwylio
A dalen cyll ar ben y pren,
A Mr Kurtz yn crio.

6 o'r gloch

Draw wrth y foryd, dan y cymylau distaw,
Mae'r dyn haearn yn ymestyn ei law,

Gan ddisgwyl, yn gwrtais, i'w gyfaill ddychwelyd,
A'i wyneb yn rhwd o ddisgwyl cyhyd,

Canys haearn yw'r pen a haearn yw'r wên
A haearn yw calon yr hen Gapten.

Mynd a dod mae'r siopwyr i gyd,
Hwnt ac yma, ar hyd y foryd,

Ac un neu ddau, bob hyn a hyn,
Yn ysgwyd ei law a throi wedyn

I sôn am arwyr y dyddiau gynt,
I hiraethu eto am sawr y deheuwynt,

Am ymchwydd y don a mawredd dyn,
Am gadw'r ffydd a gwareiddio'r gelyn.

Mynd a dod mae'r hen filwyr o hyd,
Hwnt ac yma, ar hyd y foryd.

10 o'r gloch

Yn gyntaf, meddai Mr Kurtz,
wedi cael ei lais yn ôl
a phoeri'r rhwd o'i geg,
gwnewch yn siŵr bod eich offer yn barod:
y fwyell gam, wedi'i hogi,
y llif,
y rhaff,
y gogls,
yr het cantel llydan
rhag yr haul.

Yn ail
dewiswch goeden addas:
un sydd â digon o led i'ch tin,
ond heb fod yn rhy hir chwaith,
oherwydd un, ac un yn unig,
fydd yn teithio yn y ceufad hwn.

(Os oes angen, defnyddiwch y llif i dorri'r goeden i'r hyd priodol.)

Yn drydydd
gwnewch yn siŵr eich bod chi a'ch offer a'ch coeden
o fewn decllath i'r môr.
Peth trwm ar y diawl yw cwch pren,
a chithau'n gorfod ei lusgo
ar eich pen eich hun.

Yn bedwerydd
tynnwch y rhisgl.
Ei losgi sydd orau,
dim ond am funud neu ddwy,
nes bod y sudd yn codi i'r wyneb:
daw'n rhydd fel hen grachen wedyn.

(*Dalier sylw:* bob hyn a hyn, wrth wahanu'r rhisgl a'r pren, dichon y byddwch yn clywed gwich fach neu duchan isel. Na ofidiwch. Ymateb ffisegol yn unig yw hwn. Nid yw coeden yn teimlo poen.)

Yna
naddwch.

Gall hyn gymryd sawl blwyddyn.

* Treuliodd Joseph Conrad (awdur *Heart of Darkness*) Nadolig 1896 yn 78, Heol yr Eglwys Gadeiriol, Caerdydd, sef cartref ei gyfaill, Joseph Spiridion, a'i deulu.